Alfred Görgens

Die gesunde Art, sich zu verwöhnen

Vollwertküche für Singles

FALKEN VERLAG

Vorwort

Der Einpersonenhaushalt stellt andere Anforderungen als ein Familienhaushalt. Mit der geeigneten Küchenausstattung fängt es an: Töpfe, Pfannen, Schüsseln usw., die einer Familie gerade genügen, sind für Singles viel zu groß. Trotzdem möchte auch der Alleinlebende optimal ausgestattet sein und mit dem richtigen „Handwerkszeug" perfekte Menüs kochen. Ebenso ist es nicht damit getan, bei Rezepten aus herkömmlichen Kochbüchern die Mengenangaben einfach nur durch vier (sechs, acht usw.) zu teilen. Jeder, der schon einmal auf diese Weise gekocht hat, wird die Erfahrung gemacht haben, daß das Ergebnis oft nicht zufriedenstellend ist.

Die „Vollwertküche für Singles" ist ganz auf den Einpersonenhaushalt abgestimmt. Dabei wurde die Realität der Einzelversorger im Auge behalten: Berufstätige haben wenig Zeit und manchmal auch keine Lust zum Kochen. Entweder läßt der Streß des Alltags keinen Raum für kreative Küchenarbeit, oder man redet sich mit „Für mich alleine lohnt sich das nicht" heraus.
Sie finden in diesem Buch daher viele Gerichte, die wirklich schnell gehen und gleichzeitig gesund sind. Vollwertkost für Singles kann tägliche Küchenpraxis sein. Daher wird dieses Buch nicht im Regal „verstauben", sondern viele Anregungen für eine gesunde Ernährung liefern.

INHALT

Pfannen- und Topfkunde

Früher brutzelte man Kartoffeln, Schnitzel, Eier, Frikadellen und Pfannkuchen in ein und derselben Pfanne oder in ein und demselben Topf. Heute weiß man, daß die verschiedenen Speisen in speziellen Pfannen zudem besser gelingen.
Auch in der Vollwertküche haben Pfannen ihren festen Platz: Hochwertige Fleisch- und Getreidegerichte sowie Gemüse bewahren, kurz gebraten in der Pfanne, alle wichtigen Inhaltsstoffe.
Das klassische Edelstahlkochgeschirr ist in jeder guten Küche zu Hause. Es ist relativ unempfindlich, pflegeleicht und langlebig. Zum fettarmen Braten ist die Edelstahlpfanne besonders nützlich. Zur besseren Wärmeleitung ist es vorteilhaft, wenn in den Boden eine Kupferschicht eingearbeitet ist.

In der Edelstahlpfanne können die meisten Pfannengerichte zubereitet werden, insbesondere Eierspeisen und Kurzgebratenes. Falls sie einen leicht gerundeten Rand besitzt (sogenannter Schüttrand), kann sie sehr gut für Omelette oder Pfannkuchen verwendet werden, weil die Speisen besonders leicht auf den Teller gleiten.
Die Edelstahlpfanne eignet sich vor allem für Elektroherde. Wenn sie einmal überhitzt wird, ist sie meistens für immer unbrauchbar. Einige Profiköche spülen ihre Edelstahlpfanne nicht in Seifenwasser, sondern reiben sie nach der Benutzung mit einer Roßhaarbürste und Salz aus. Das verhindert das Ankleben der Speisen.
Emailliertes Kochgeschirr verträgt hohe Temperaturen, ist problemlos zu pflegen

und kann vor allem zur Zubereitung von Nahrungsmitteln verwendet werden, die dabei Flüssigkeit freisetzen (beispielsweise zum Dünsten von Gemüse), oder aber zum Binden von Saucen.
Die Qualitätspfannen dieses Typs bestehen aus schlagfestem Stahlemail und besitzen eine Antihaftbeschichtung aus Silikonöl, die man selbst von Zeit zu Zeit erneuern kann. Auch hier ist die trockene Reinigung mit Bürste und Salz oder das Auswischen mit einem Tuch oder Küchenkrepp bei nur geringer Verschmutzung vorzuziehen, weil dadurch die Silikonbeschichtung länger erhalten bleibt.
Pfannen und Töpfe aus Gußeisen sind sehr hitzebeständig und sowohl für Gas- als auch für alle anderen Herde geeignet.
Die Gußeisenpfanne läßt sich besonders gut für kurzgebratene Fleischgerichte verwenden. In ihr erhalten alle Bratsachen eine appetitliche Bräunung, wie sie zum Beispiel in Antihaftpfannen nicht erreicht werden kann. Bestimmte, d. h. säurehaltige Speisen (zum Beispiel Spinat) sollten mit Gußeisen allerdings nicht in Berührung kommen.
Vor dem ersten Gebrauch und nach jedem Bad im Spülwasser muß die Gußeisenpfanne präpariert werden, weil sonst das Bratgut

anklebt. Die einfachste Methode ist das starke Erhitzen mit Öl; nach dem Abkühlen wird es mit Küchenkrepp oder einem Tuch ausgewischt. Die Pfanne besitzt dann eine Schutzschicht. Da dieser Ölfilm im Seifenwasser zerstört wird, ist die trokkene Reinigung mit Salz und Bürste vorzuziehen.

Kochgeschirr aus Kupfer ist die heimliche Geliebte der Gourmets. Kupfer leitet die Hitze ungefähr siebenmal schneller als Stahl oder Eisen und heizt sich daher sehr schnell auf (was energiesparend ist); es ist allerdings empfindlich gegen Überhitzung. In Kupferpfannen können im Prinzip alle Pfannengerichte zubereitet werden. Kupferpfannen (und natürlich -töpfe) müssen innen gut verzinnt sein, weil die gebratenen Speisen sonst leicht einen Metallgeschmack annehmen. Schlecht verzinnte oder alte Pfannen sollten ab und an nachverzinnt werden.

Die Schnellbratpfanne/der Schnellkochtopf aus Edelstahl mit fest schließendem Deckel und Druckventil ist für schnelle Zubereitung von sonst etwas aufwendigen Speisen geeignet. Gemüse läßt sich vitaminschonend darin garen, und auch Fleisch gelingt problemlos. Beide sind – genau wie die normale Edelstahlpfanne – hauptsächlich für Elektroherde und auch für Herde mit Keramikplatten geeignet.

Die Servierpfanne ist ebenfalls ideal für die Kleinküche. Sie wird aus Edelstahl oder Email hergestellt und besitzt seitlich zwei hitzeisolierte Edelstahlgriffe. Serviert wird in der Servierpfanne.

Die Böden der Servierpfanne sind für alle Herdtypen, auch für Keramikfelder, gut geeignet. Zur besseren Wärmeleitung sollte auch hier – wie bei den normalen Edelstahlpfannen – eine Kupferschicht eingearbeitet sein. Einige Servierpfannen besitzen einen hitzebeständigen Glasdekkel, was ebenfalls sehr dekorativ und nützlich sein kann. Zu pflegen sind diese Pfannen wie emailliertes Kochgeschirr oder solches aus Edelstahl.

Herdkunde

Am weitesten verbreitet sind Elektroherde und Gasherde. Auf ihnen können nahezu alle Arten von Töpfen und Pfannen verwendet werden, solange sie nicht überhitzt oder anderweitig unsachgemäß beansprucht werden. Der Umgang mit Elektro- und Gasherden ist so normal, daß hierüber keine zusätzliche „Kunde" verbreitet werden muß.

Etwas anders verhält es sich bei den neueren Herdtypen: den Herden mit Glaskeramikfeldern und der Mikrowelle. Glaskeramikfelder entstehen durch Verschmelzung oxidischer Verbindungen der Elemente Silizium, Aluminium und Lithium bei 1700° C. Während einer weiteren Wärmebehandlung bei 900° C findet der Dekoreinbrand und die Keramisierung statt.

Der Kochfelder der Glaskeramikherde sind flach und glatt und nur durch optische Hervorhebungen (kreisförmige oder quadratische Flächen in verschiedenen Farben) von der Herdfläche zu unterscheiden.

Im Prinzip können alle Arten von Kochgeschirr auf Keramikkochflächen benutzt werden. Allerdings kann das Ergebnis unter Umständen unbefriedigend sein. Töpfe und Pfannen für Glaskeramikherde müssen unbedingt folgende wichtige Eigenschaften vorweisen:

- Der Topf- oder Pfannenboden muß bei Erwärmung so schnell wie möglich in den Zustand „absoluter Planität" übergehen, das heißt lückenlos auf der Kochfläche stehen.
- Der Topfdurchmesser darf nicht kleiner sein als der Heizkörper der Glaskeramikkochfläche.
- Der Topf- oder Pfannenboden sollte in der Lage sein, die Strahlungswärme des Kochfeldheizkörpers aufzunehmen.
- Der Topf- oder Pfannenboden darf bei Temperaturen von bis zu 600° C keine Anschmelzungen oder irgendwelche chemische Reaktionen zeigen.

● Die Topf- oder Pfannenunterseite muß zur Vermeidung von Kratzspuren glatt und abriebfest sein.
Mikrowellenherde finden eine immer größere Verbreitung. Trotzdem gibt es noch Vorbehalte gegen die ungewöhnlich schnell garenden Geräte. Zum besseren Verständnis hier einige Informationen: Mikrowellen sind keine gefährlichen, unnatürlichen Wellen, die das Essen „bestrahlen", sondern elektromagnetische Hochfrequenzwellen von rund 2450 Megahertz (ein UKW-Sender strahlt zwischen 80 und 120 Megahertz aus). Der Erwärmungs- beziehungsweise Garungsprozeß besteht darin, daß die Mikrowellen alle Wasser- und Fettmoleküle einer Speise anregen und in Schwingung versetzen. Durch diese Reibung entsteht Hitze. Dinge, die kein Wasser enthalten (oder nur geringste Spuren), bleiben von der Mikrowelle unberührt. So kommt es, daß die Speise auf einem Teller dampft und der Teller selbst kühl bleibt.
Die Mikrowellen werden von einem Magnetron erzeugt und gelangen durch einen Reflektorflügel an alle Punkte des Garungsraums. Dort treffen sie auf die Speise, die auf bis zu 100° C erhitzt wird. Die Anregung der Wasser- und Fettmoleküle kann so groß sein, daß sich der Erwärmungsprozeß noch Minuten nach dem Ausschalten des Gerätes fortsetzt.
Da Mikrowellen von Metall reflektiert werden, darf das hineingestellte Geschirr weder aus Metall sein noch Metall enthalten (zum Beispiel Teller mit Goldrand). Ansonsten kann alles verwendet werden, was hitzebeständig ist. Gerade für den Einpersonenhaushalt sind Mikrowellenherde gut geeignet, weil man damit zeit- und energiesparend auch sehr kleine Speisemengen garen kann. Die Mikrowelle steht auch nicht im Widerspruch zu den Grundsätzen der naturgemäßen Ernährungsweise. Aus diesem Grund werden in diesem Buch bei geeigneten Rezepten zusätzlich die Garzeiten mit Mikrowelle angegeben, und zwar abgestimmt auf ein 600-Watt-Gerät.

Grundlegendes zur Vollwertkost

Im Einpersonenhaushalt ist die Versuchung groß, der Ernährung nicht die notwendige Aufmerksamkeit zu schenken. Falsche Eßgewohnheiten führen jedoch zur Einschränkung der Leistungsfähigkeit, ein Effekt also, der besonders für Berufstätige belastend ist. Auf den folgenden Seiten wird beschrieben, wie auch der Single sich auf praktische, unkomplizierte Art vollwertig ernähren kann.

Für eine gesunde Ernährungsweise ist aber kein ernährungswissenschaftliches Studium erforderlich. Ebenso sind Ernährungslehren mit einer gewissen Skepsis zu betrachten, bei denen man ständig in einem Buch nachschlagen muß, um einem optimalen Speiseplan zu folgen, oder bei denen eine vollständige Umstellung der Lebensgewohnheiten verlangt wird. In Wirklichkeit genügen wenige „Faustregeln", um eine natürliche und vollwertige Ernährungsweise aufzubauen:

- Etwa die Hälfte der täglichen Nahrung sollte aus frischen, unbehandelten und ungegarten Lebensmitteln bestehen (Obst, Gemüse, Nüsse usw.), da diese Vitamine, Ballaststoffe und andere wertvolle Inhaltsstoffe unvermindert enthalten. Die andere Hälfte der Nahrung kann sich aus gegarten Speisen zusammensetzen. In jedem Fall darauf achten, daß die Produkte möglichst marktfrisch (gartenfrisch) und chemisch unbehandelt sind.
- Bei Getreide und Backwaren sollte man auf Vollkornqualität achten und gegebenenfalls im Reformhaus oder Naturkostladen einkaufen. Besonders wichtig ist es auch, kein sogenanntes Auszugsmehl (Type 405) zu verwenden! Denn nur das volle Korn enthält hochwertiges Eiweiß und Fett sowie die ballaststoffreichen Randschichten. In ihnen sind viele Mineralstoffe und Vitamine, besonders die der B-Gruppe, enthalten, die bei der Verarbeitung des Getreides zu weißem Mehl weitgehend verlorengehen.
- Auf raffinierten Zucker

sollten Sie verzichten oder ihn nur sehr sparsam verwenden, der Geschmack stellt sich rasch darauf ein. Gute Alternativen zu raffiniertem Zucker sind kaltgeschleuderter Honig, Sucanat, Obstdicksäfte oder Trockenobst. Bei der Verwendung von Honig darauf achten, daß er nicht zu stark erhitzt wird, da sonst viele wertvolle Inhaltsstoffe zerstört werden.

- Keine Nahrungsmittel verwenden, die – um eine längere Haltbarkeit zu erreichen – sterilisiert, ultrahocherhitzt, geschwefelt usw. werden, da diese Verfahren den natürlichen Gehalt an Vitaminen verringern und Strukturen durch die Hitzeeinwirkung verändert werden.

Häufiger kleinere Mengen frischer Lebensmittel kaufen, zum Beispiel bei Milch, Käse, Joghurt usw.

- Fertigprodukte und Konserven erleichtern zwar das tägliche Leben, doch sie enthalten nach den häufig recht aufwendigen Verarbeitungsverfahren nur noch einen Bruchteil ihrer für uns lebensnotwendigen Inhaltsstoffe. Sie sollten die Mühe nicht scheuen, möglichst frische Ware zu kaufen und ihre Verarbeitung selbst zu übernehmen. Die Verwendung von Fertigprodukten sollte die Ausnahme bleiben. Geben Sie Tiefkühlkost dann den Vorzug vor Trockenware oder Konserven.

- Bevorzugen Sie einheimische Obst- und Gemüsesorten, und frischen Sie den winterlichen Speisezettel mit selbstgezogenen Keimen und Sprossen aus Hülsenfrüchten, Getreide und Samen auf.

- Abwechslung bei der Zusammenstellung der Nahrungsmittel ist ein wichtiger Grundsatz der Vollwerternährung. Nur so können dem Körper alle notwendigen Vitamine und Mineralstoffe zugeführt werden. Für den Single bedeutet dies den Gang in mehrere Geschäfte und den Einkauf kleinerer Mengen verschiedener Lebensmittel. Diese Mühe sollte die Gesundheit wert sein.

Bei einigen in diesem Buch vorgestellten Rezepten werden frische Kräuter als Zutat angegeben. Frische Kräuter sind nicht nur natürlich und gesund, sie schmecken auch wesentlich besser als getrocknete Produkte. Wissenswertes über das Selbstzüchten – auch im Blumentopf – erfahren Sie im Falken-Feinschmecker-Buch „Kräuterküche – Raffiniert und gesund würzen".

Über die Vorratshaltung

Um unnötige Wege zu vermeiden und frische Lebensmittel auch in den Wintermonaten zu genießen, ist eine gut geplante Vorratsbeschaffung und -haltung unumgänglich.
Man unterscheidet zwischen Grundvorräten und Ergänzungsvorräten. Grundvorräte sind Nahrungsmittel, die längere Zeit (mehrere Monate bis 2 Jahre) gelagert werden können, Ergänzungsvorräte hingegen verderben schneller und werden auch häufiger in der Küche gebraucht.
Zur Aufbewahrung selbst kann – je nach Produkt – der Kühlschrank, die Kühltruhe oder der Vorratskeller dienen. Im Einpersonenhaushalt neigt man dazu, die meisten Sachen im Kühlschrank aufzubewahren. Dies ist jedoch nicht immer erforderlich und teilweise sogar ungünstig.

Brot. Größere Brotmengen lassen sich frisch und schimmelfrei halten, wenn das noch backwarme Brot in einen Mehlsack (Leinen) gelegt wird, der mit Mehl ausgepudert sein muß. Will man mehrere Brote lagern, muß jeweils Oberrinde gegen Oberrinde gelegt werden. Vor dem Zubinden und Aufhängen des Sacks im Keller oder Vorratsraum streut man noch eine Handvoll Mehl darüber. In dieser Verpakkung halten sich Brote etwa 4 Wochen lang. 1 Tag vor dem Gebrauch wird das jeweilige Brot herausgenommen und abgebürstet. Daneben lassen sich Brote ohne Geschmacksverluste einfrieren (und in der Mikrowelle in 15 bis 20 Minuten auftauen, wenn es einmal schnell gehen muß). Der Brotkasten, in dem das täglich benutzte Brot aufbewahrt wird, sollte einmal in der Woche mit 10prozentigem Essigwasser gereinigt werden. Dies verhindert Schimmelbildung. Falls das Brot doch einmal Schimmel bildet, darf es nicht mehr verzehrt werden; es ist für Mensch und auch Tier gesundheitsschädlich. Altbackenes (trockenes) Brot kann für Paniermehl verwendet werden.

Butter. Butter läßt sich im Kühlschrank aufbewahren; größere Mengen können eingefroren werden. Wer eine Küche ohne direkte Sonneneinstrahlung besitzt, kann die täglich verwendete Butter auch in einer Butterdose ohne Kühlschrank etwa 1 Woche lang problemlos aufbewahren. Sie ist dann streichfähiger.

Eier. Frische Eier erkennt man daran, daß sie – in kaltes Wasser gelegt – am Boden liegenbleiben. Ältere Eier schweben hingegen im Wasser. Eine andere Methode läßt sich nach dem Aufschlagen anwenden: Wenn das Eiweiß dünn und breit auseinanderfließt, handelt es sich um ein altes Ei, bei frischen Eiern bildet das Eiweiß eine relativ eng um das Eigelb schließende Insel. Sollen Eier für mehrere Monate auf natürliche Weise haltbar gemacht werden, kann man sie dreimal hintereinander kurz in kochendes Wasser tauchen und jeweils mit kaltem Wasser abschrecken. Dadurch wird die Schale luftdicht. Auf dem Eierbrett oder im Karton sollten sie einmal pro Woche gedreht werden, damit das Eidotter nicht ansetzt.

Käse. Die meisten Hartkäsesorten (Gouda, Edamer, Schweizer usw.) lassen sich bei 10–14°C (also nicht

Grundvorräte	Lagerdauer	Ergänzungsvorräte	Lagerdauer
Getreidekörner	2 Jahre	Äpfel (lagerfähig)	6 Monate
Honig	1 Jahr	Kakao	6 Monate
Hülsenfrüchte	1–2 Jahre	Kartoffeln	9 Monate
Kaffee	1 Jahr	Käse (Hartkäse)	1–2 Monate
Milchpulver	1 Jahr	Käse (Weichkäse)	4–6 Wochen
Milchsauer konserviertes Gemüse	1 Jahr	Kohl	4 Monate
Naturreis	1 Jahr	Möhren, rote Bete	4 Monate
Nüsse	1 Jahr	Sellerie, Porree	3 Monate
Salz	2 Jahre	Vollkorngrieß	14 Tage
Speiseöl	1 Jahr	Vollkornnudeln	1 Monat
Tee	2 Jahre		
Trockenobst	1 Jahr		
Trockenpilze	1 Jahr		

gerade im Kühlschrank) lagern. Frischkäse, Quark, Sauermilchkäse usw. sollten jedoch im Kühlschrank liegen. Einige Käsesorten wie Schafskäse oder Mozzarella müssen ständig in kühlem Salzwasser liegen. Um Hart- oder Schnittkäse über mehrere Monate zu lagern, wird er in feuchte Leintücher gewickelt und im Vorratsraum aufbewahrt. Die Leintücher müssen alle 2 Wochen erneuert werden. Unter der Käseglocke bleibt der angeschnittene Käse länger frisch, wenn man eine aufgeschnittene Tomate, eine Scheibe Salatgurke oder ein Gläschen Weißwein dazutut.

Kaffee. Luftdicht verpackt, kühl und lichtgeschützt gelagert bewahrt Kaffee lange sein Aroma. Der Inhalt der geöffneten Packung sollte in eine gut verschließbare Dose oder in ein Glas gefüllt werden. Auch hier kann die kühle Lagerung (im Kühlschrank) das Aroma gut schützen.

Kartoffeln. Die einfachste und natürlichste Art, Kartoffeln zu lagern, ist das Einkellern in einer speziellen Holzkiste (oder einem entsprechenden Drahtgestell). Hierbei dürfen nur trockene, unbeschädigte Kartoffeln verwendet werden. Lagerfähige Sorten können auf diese Weise auch in der Single-Küche problemlos in größeren Mengen (etwa 1 Zentner) längere Zeit gelagert werden. Die optimale Lagertemperatur liegt bei +4–5° C. Niedrigere Temperaturen sowie Sonnenlicht schaden den Kartoffeln. Bei höheren Temperaturen beginnen sie früher zu keimen. Trotzdem sollte in der Vollwertküche auf keimhemmende Mittel verzichtet werden. Falls kein Keller zum Lagern zur Verfügung steht, können die Kartoffeln auch in der Küche, unter einer Treppe usw. gelagert werden. Hierbei nimmt man kleinere Mengen (zum Beispiel eine flache Holzkiste voll) und legt Packpapier als Lichtschutz darüber. Die Aufbewahrung im Kühlschrank ist im allgemeinen nicht vorteilhaft.

Mehl. In der Vollwertküche wird stets vollwertiges Mehl verwendet, das aus dem ganzen Korn gemahlen wurde. Für selbstgebackene Brote, Kuchen und Kekse sollte man, wenn möglich, Mehl frisch selbst mahlen

oder schroten (entweder mit einer Handmühle oder mit einer elektrischen Getreidemühle). Um Saucen zu binden oder eine feinere Mehlspeise zuzubereiten (zum Beispiel Crêpes), kann man Weizenvollkornmehl Type 1050 verwenden, die Hand- und Elektromühlen erreichen diesen Feinheitsgrad nicht. Wenn Sie größere Mengen Getreide mahlen wollen, sollten Sie darauf achten, daß sich die Mühle während des Mahlvorgangs nicht zu stark erhitzt, da dies dem Mehl schadet. Grundsätzlich sollte Vollkornmehl vor der Verwendung frisch hergestellt werden, da bei einer Lagerung schnell Veränderungen an wertvollen Inhaltsstoffen eintreten.

Milch. Am besten ist natürlich die sogenannte Rohmilch, die man direkt vom Bauern kaufen kann. Allerdings werden nur wenige Leser eine entsprechende Möglichkeit haben. Zu empfehlen ist für die Vollwertküche die im normalen Handel und in Reformhäusern erhältliche Vorzugsmilch. Zur Not tut es auch die pasteurisierte Frischmilch. Von stärker behandelten Waren wie H-Milch und Sterilmilch ist abzuraten, auch wenn diese Milchprodukte längere Zeit haltbar sind. Es gibt die oben genannte Vorzugsmilch auch in Halbliterabfüllungen, die im Einpersonenhaushalt, ohne zu verderben, innerhalb von etwa 2 Tagen verbraucht werden kann. Man kann unbehandelte Milch auch leicht in Dickmilch verwandeln, wenn man ein paar Löffel Buttermilch einrührt und diese Mischung bei Zimmertemperatur stehenläßt (sie wird nicht sauer). Außerdem kann man aus Milch mit einer Joghurtmaschine sehr leicht schmackhaften Joghurt bereiten.

Öl. In der Vollwertküche nimmt man stets kaltgepreßte Öle mit einem hohen Gehalt an mehrfach ungesättigten Fettsäuren. Inzwischen sind auch viele konventionelle Ölproduzenten zu dieser vorteilhaften Ölgewinnung übergegangen. Speiseöle sollten in originalverschlossenen Gefäßen aufbewahrt werden. Hat man sie einmal angebrochen, werden sie leichter ranzig, daher die Behältnisse gut verschließen und den Inhalt schnell verbrauchen!

EUROPA

RASANT UND LECKER — SCHNELLE KÜCHE

Manchmal muß es schnell gehen. Die folgenden Seiten beweisen, daß auch unter Zeitdruck ein gesunder und vollwertiger Ernährungsfahrplan eingehalten werden kann. Voraussetzung sind eine gut ausgestattete Küche und ein wenig Übung im Zubereiten von Speisen.

(Minutensteak mit Bananencurry, Rezept S. 18)

Minutensteak mit Bananencurry

Für 1 Portion
Zubereitungszeit: ca. 5 Min.
ca. 925 kcal/3860 kJ

2 kleine Rindersteaks à 80 g
weißer Pfeffer, frisch gemahlen
Meersalz
1 Banane
2 TL Butter oder Pflanzenfett
indischer Kümmel, gemahlen
Kurkuma (Gelbwurz), gemahlen
Currypulver
100 g Créme fraîche

1. Die Rindersteaks mit Pfeffer und Salz würzen. Die Banane in 1 Zentimeter dicke Scheiben schneiden.
2. In einer Pfanne 1 Teelöffel Butter (Pflanzenfett) schmelzen und die Steaks auf jeder Seite etwa ½ Minute lang bei starker Hitze braten. Auf einem Teller anrichten und warm stellen.
3. In der gleichen Pfanne den Rest Butter (Pflanzenfett) schmelzen. Kümmel, Kurkuma und Curry sowie die Bananenscheiben hineingeben und bei mittlerer Hitze etwa 1 Minute braten. Die Bananenscheiben vorsichtig wenden, damit sie nicht zerfallen.
4. Zum Schluß den Joghurt dazugießen und alles vermischen. Das Ganze zu den Rindersteaks geben. Zusammen mit ein paar frischen grünen Salatblättern und einer Tomate verzehren.
(auf dem Foto S. 16/17)

Brokkolitoast mit Salbei

Für 1 Portion
Zubereitungszeit: ca. 20 Min. (herkömmliche Garmethoden); ca. 13 Min. (Mikrowelle)
ca. 445 kcal/1860 kJ

100 g Brokkoli
Butter oder Pflanzenfett
1 Scheibe Vollkorntoast
1–2 Scheiben Butterkäse
1–2 Scheiben Edelpilzkäse
2 frische Salbeiblätter

1. Die Brokkoli vorbereiten und mit etwas Butter (Pflanzenfett) in ein Mikrowellengeschirr geben. Bei 100% Leistung in 5–6 Minuten garen. Steht kein Mikrowellenherd zur Verfügung, die Brokkoli in etwas Wasser bißfest garen.
2. In der Zwischenzeit die Scheibe Vollkorntoast dünn mit Butter (Pflanzenfett) bestreichen und eine Scheibe Butterkäse darauflegen.
3. Die Brokkoli auf den Butterkäse legen, dann entweder die über den Rand hinausragende Käsescheibe umklappen oder eine zweite Scheibe darauflegen. Zum Schluß den Edelpilzkäse und den Salbei daraufgeben.
4. In der Mikrowelle bei 75 bis 100% Leistung etwa 2 Minuten oder im Backofen bei 200°C ca. 5 Minuten überbacken. Der Toast kann auch in einem Tischgrill oder in einer Pfanne mit Deckel zubereitet werden.
(auf dem Foto rechts: oben)

Gebratener Chinakohl

Für 1 Portion
Zubereitungszeit: ca. 5 Min.
ca. 285 kcal/1195 kJ

50–100 g Chinakohl (nur die schnell garenden Blätter der Spitze)
Butter oder Pflanzenfett
2 EL Haselnüsse, grobgehackt
Meersalz
schwarzer Pfeffer, frisch gemahlen
frische, gehackte Kräuter nach Geschmack
1 Ei
etwas Sojasauce

1. Die Chinakohlblätter in feine Streifen schneiden. In einer Pfanne die Butter (das Pflanzenfett) schmelzen, die Nüsse, den Kohl, die Gewürze und die Kräuter hineingeben. Gelegentlich umrühren und zugedeckt 1½–2 Minuten garen.
2. Währenddessen das Ei aufschlagen, in einem Becher verquirlen und mit der Sojasauce zum Kohl geben. Unter häufigem Rühren das Ei mit dem Kohl stocken lassen. Zusammen mit einer Scheibe Vollkornschrotbrot und einer frischen Tomate essen.
(auf dem Foto rechts: unten)

Möhrentoast mit Nüssen

Für 1 Portion
Zubereitungszeit: ca. 10 Min. (herkömmliche Garmethoden); ca. 7 Min. (Mikrowelle)
ca. 595 kcal/2490 kJ

1 junge Möhre
2–3 EL Nüsse (vorzugsweise Erdnüsse, sonst Cashewkerne oder Walnüsse)
1 Scheibe Vollkornbrot oder Vollkorntoastbrot
Butter oder Pflanzenfett
schwarzer Pfeffer, frisch gemahlen
(wahlweise andere Gewürze)
1 Scheibe schmelzfähiger Käse (Gouda oder Edamer)

1. Die Möhre und die Nüsse raspeln oder grob hacken. Das Brot dünn mit Butter (Pflanzenfett) bestreichen und das Möhren-Nuß-Gemisch daraufgeben.

2. Anschließend gut würzen und mit dem Käse belegen. In der Mikrowelle 1½ Minuten bei 100% Leistung überbakken oder im Backofen 5 Minuten bei 200° C. Hilfsweise kann auch eine Pfanne mit Deckel oder ein Grillgerät benutzt werden.
(auf dem Foto: links)

NUSSBURGER

Für 1 Portion

Zubereitungszeit: ca. 5 Min.
ca. 345 kcal/1440 kJ

2 EL Nüsse (Haselnüsse, Mandeln, Walnüsse, Cashewkerne)
2–3 EL kernige Haferflocken
1 Ei
1 EL Frischkäse oder geriebener Gouda (Emmentaler)
Meersalz
1 Prise Pfeffer
Sonnenblumenöl
1–2 EL Grahammehl

1. Die Nüsse fein reiben und mit den Haferflocken, dem aufgeschlagenen Ei, dem Käse und den Gewürzen gründlich vermischen. Währenddessen das Öl in einer Pfanne erhitzen.

2. Hände anfeuchten, einen oder zwei „Burger" formen, in Grahammehl wenden und im Öl von beiden Seiten knusprig braten. Dazu passen eine Scheibe Vollkornbrot und ein paar frische Salatblätter.
(auf dem Foto: rechts)

Gefülltes Omelett mit Frischkäse

Für 1 Portion
Zubereitungszeit: ca. 5 Min.
ca. 580 kcal/2415 kJ

Butter oder Pflanzenfett
2 Eier
1 EL süße Sahne
2 EL Petersilie, feingehackt
1 Tomate
1 Scheibe Weizenvollkornbrot
2–3 EL Frischkäse

1. Die Butter (das Pflanzenfett) in einer Pfanne bei schwacher bis mittlerer Hitze schmelzen. Unterdessen die Eier aufschlagen und in einem Becher mit der Sahne verquirlen.
2. Das flüssige Ei in die Pfanne geben und die Petersilie darüberstreuen. Während das Omelett brät, die Tomate in Scheiben schneiden und auf einem Teller anrichten. Die Scheibe Brot ebenfalls auf den Teller legen.
4. Wenn das Omelett an der Oberseite nur noch ein wenig flüssig ist, den Frischkäse auf der einen Hälfte verteilen und die andere darüberklappen. Die Pfanne für knapp 1 Minute mit einem Deckel schließen. Dann das Omelett auf das Brot legen. Abgerundet werden kann dieses Gericht mit einem frischen, knackigen Salat aus Kopfsalat, Tomaten, Champignons, Sprossen und Nüssen. Guten Appetit!
(auf dem Foto oben)

Feinschmecker-Tip

Man kann dieses Rezept vielseitig variieren und zum Beispiel Olivenscheiben dazutun oder das Omelett statt mit Frischkäse mit ein, zwei Scheiben Gouda überbacken.

Red Rose

Für 1 Portion
Zubereitungszeit: ca. 8 Min.
(herkömmliche Garmethoden);
ca. 5 Min. (Mikrowelle)
ca. 340 kcal/1415 kJ

2–3 Tomaten
1 EL kernige Haferflocken
1–2 EL Haselnüsse, grobgehackt
1–2 EL Vollkornbrotwürfel
2–3 EL Käsewürfel (Gouda oder Edamer)
1 TL Honig

1. Die Tomaten am Wurzelansatz flach abschneiden und das Innere mit einem Teelöffel herauslösen und anderweitig verwenden.
2. Alle anderen Zutaten miteinander vermischen und in die Tomaten füllen. Im Mikrowellenherd bei 100% Leistung etwa 1½–2 Minuten oder im Backofen bei 200°C etwa 5 Minuten überbacken. Ersatzweise kann auch im Tischgrill überbacken werden, die Zubereitungszeit verlängert sich dadurch etwas. Zu den gefüllten Tomaten paßt eine Scheibe Vollkorntoastbrot, die dünn mit Butter oder Pflanzenfett bestrichen wird.
(auf dem Foto unten)

Feinschmecker-Tip

Falls von einem anderen Menü ein paar Eßlöffel Naturreis übriggeblieben sind, können sie hier anstelle der Brotwürfel und der Haferflocken verwendet werden. Die Mischung schmeckt vorzüglich.

Roastbeefsalat mit Sauce Vinaigrette

Für 1 Portion
Zubereitungszeit: ca. 10 Min.
ca. 240 kcal/995 kJ

einige frische Salatblätter
1 grüne Paprikaschote
1 kleine Zwiebel
50 g Roastbeef
2 TL Balsamessig
1 EL Distelöl
Salz
Pfeffer, frisch gemahlen
½ Bund Schnittlauch, feingehackt

1. Die Salatblätter waschen und auf einer Platte anrichten. Die Paprika in dünne Streifen, die Zwiebel in feine Ringe und das Roastbeef in Streifen schneiden.
2. Alles zusammen vorsichtig mischen und in die Schale zum Salat geben. Zum Schluß Balsamessig, Distelöl, Salz und Pfeffer zu einer Sauce Vinaigrette verquirlen und über den Salat geben. Mit dem Schnittlauch bestreuen und eine Scheibe Vollkornbrot dazu essen.
(auf dem Foto: oben)

Feinschmecker-Tip

Besonders lecker schmeckt dieser Salat, wenn man Würfel aus Vollkorntoast in selbstgemachter Knoblauchbutter röstet und abgekühlt darüberstreut.

Tomate in Weizenschrot

Für 1 Portion
Zubereitungszeit: ca. 5 Min.
(ohne Einweichzeit)
ca. 350 kcal/1470 kJ

3–4 EL Weizenvollkornschrot
1 mittlere Tomate
1 kleine Zwiebel
Butter oder Pflanzenfett
frische Kräuter (Basilikum, Petersilie, Schnittlauch)
Meersalz
schwarzer Pfeffer, frisch gemahlen
wahlweise 1–2 EL süße Sahne

1. Diese kleine, aber deftige und gesunde Speise muß am Morgen oder Abend vor dem Verzehr vorbereitet werden, indem der Weizenvollkornschrot in wenig Wasser eingeweicht wird.
2. Die Tomate in Scheiben und die Zwiebel in Ringe schneiden. Unterdessen in einer Pfanne die Butter (das Pflanzenfett) erhitzen und die Zwiebelringe, die Tomatenscheiben und den Schrot hineingeben. Bei mittlerer Hitze etwa 3 Minuten lang braten, dabei gelegentlich rühren.
3. Während dieser Zeit die Kräuter grob hacken und zusammen mit dem Salz und dem Pfeffer unter die Tomaten-Schrot-Mischung rühren. Wahlweise etwas frische Sahne untermischen.
(auf dem Foto: unten)

EINFACH UND VIELSEITIG — KALTE KÜCHE

Für Singles bedeutet dies häufig: kleine Portionen Müsli, Salat und Pausensnacks mit fast dem gleichen Aufwand zuzubereiten, wie er für größere Mengen erforderlich wäre. Auf den folgenden Seiten finden Sie den Beweis, daß die kalte Küche auch ohne besondere Mühe Vollwertköstlichkeiten liefern kann.

(Avocadosalat mit Banane, Rezept S. 28)

Avocadosalat mit Banane

Für 1 Portion
Zubereitungszeit: ca. 5 Min.
ca. 685 kcal/2870 kJ

1 Avocado
1 Banane
1–2 Tomaten
etwas Zitronensaft

1. Die Avocado von der Schale und dem Kern befreien und in appetitlich große Würfel teilen. Die Banane schälen und in Scheiben (oder halbe Scheiben) schneiden. Ebenso die Tomate aufschneiden.
2. Alle Zutaten vorsichtig, aber gründlich miteinander vermischen und mit Zitronensaft beträufeln. Der Salat kann als vollwertige kleine Mahlzeit dienen. Gewürze oder Kräuter sind dazu nicht erforderlich, naturbelassen schmeckt er am besten.
(auf dem Foto S. 26/27)

Doppeldecker

Für 1 Portion
Zubereitungszeit: ca. 20 Min.
ca. 720 kcal/3015 kJ

3 Scheiben Weizen- oder Roggenvollkornschrotbrot
Butter oder Pflanzenfett
3 Blätter grüner Salat
1 Scheibe kalter Rinderbraten
1 kleine Tomate
1 dünne Scheibe milder Käse

1. Zunächst die erste Scheibe Brot mit Butter (Pflanzenfett) bestreichen, ein Salatblatt und den Rinderbraten darauflegen.
2. Dann die Unterseite der zweiten Scheibe Brot mit Butter (Pflanzenfett) bestreichen, über das halbfertige Sandwich legen und von oben ebenfalls mit Butter (Pflanzenfett) bestreichen. Nun wieder ein Salatblatt darauflegen, die Tomate in dünne Scheiben schneiden und auf dem Salatblatt verteilen.
3. Den Abschluß bilden die Scheibe Käse, das dritte Salatblatt und die dritte Scheibe Brot, deren Unterseite mit Butter (Pflanzenfett) bestrichen wird.
(auf dem Foto rechts: unten)

Feinschmecker-Tip

Zum Bestreichen der Brotscheiben kann man auch selbstgemachte Mayonnaise nehmen.

Frühjahrssalat

Für 1 Portion
Zubereitungszeit: ca. 15 Min.
ca. 235 kcal/980 kJ

einige Blätter junger Kopfsalat
alle zur Verfügung stehenden Wildkräuter (Brennesselspitzen, Löwenzahnblättchen, Sauerampfer usw.)
½ Bund Radieschen
1 EL Schnittlauch, feingehackt
1–2 EL Obstessig
Meersalz
2–3 EL Sonnenblumenöl
frische, gehackte Kräuter nach Geschmack (Petersilie, Majoran, Basilikum, Thymian usw.)
schwarzer oder weißer Pfeffer, frisch gemahlen

1. Die Salatblätter waschen, trocknen und grob reißen, die Wildkräuter gründlich waschen und relativ fein hakken (etwa pfenniggroße Stücke). Alles vermischen und in einer Salatschale anrichten.
2. Die Radieschen in Stifte schneiden und mit dem Schnittlauch vermischen. Beides über die Salatblätter verteilen.
3. Den Essig mit dem Salz verrühren, dann das Öl dazugießen und alles gut miteinander vermischen. Zum Schluß mit den gehackten Kräutern und dem Pfeffer würzen. Die Sauce über den Salat geben.
(auf dem Foto rechts: oben)

HÜTTENKÄSE-SALAT

Für 1 Portion
Zubereitungszeit: ca. 8 Min.
ca. 795 kcal/3315 kJ

1 ungespritzter Apfel
2–3 EL Mandeln
150–200 g Hüttenkäse

1. Den Apfel wahlweise in kleine Würfel schneiden oder grob raspeln.
2. Die Mandeln hacken. Beides mit dem Hüttenkäse vermischen. Dieses Rezept ist sehr einfach, aber wohlschmeckend und leicht bekömmlich.
(auf dem Foto: links)

FEINSCHMECKER-TIP

Wer mag, kann in das Gemisch noch 1 Eßlöffel frische Sahne einrühren und/oder 1 Teelöffel Honig dazugeben.

Kohlrabi-Möhren-Salat

Für 1 Portion

Zubereitungszeit: ca. 10 Min.
ca. 115 kcal/470 kJ

1 kleiner Kohlrabi
1 Möhre
2–3 EL Hüttenkäse, Quark oder Crème fraîche
Meersalz
1 Prise Muskatblüte, gemahlen
weißer Pfeffer, frisch gemahlen

1. Den Kohlrabi schälen und in kleine Würfel schneiden. Die Möhre nach Belieben raspeln oder grob hacken.

2. Den Hüttenkäse (den Quark, die Crème fraîche) nach Geschmack würzen und mit den Kohlrabiwürfeln und der Möhre vermischen.
(auf dem Foto: rechts)

Feinschmecker-Tip

Wer mag, kann den Salat noch mit Apfelstücken oder Orangenfilets anreichern und so eine etwas süßere Geschmacksrichtung erzielen.

Lachssandwich mit Dill

Für 1 Portion
Zubereitungszeit: ca. 10 Min.
ca. 605 kcal/2535 kJ

2 Scheiben Weizenvollkornbrot
2 TL Butter oder Pflanzenfett
½ TL Petersilie, feingehackt
½ TL Schnittlauch, feingehackt
etwas Dill, feingehackt
2 Scheiben Graved Lachs

1. Die Brotscheiben dürfen nicht dicker als 1 Zentimeter und nicht dünner als ½ Zentimeter sein. Sie werden mit dem Nudelholz flachgerollt.
2. Danach die Butter mit den Kräutern mischen und die Brotscheiben dünn damit bestreichen. Jeweils eine Scheibe Lachs darauflegen und verzehren.
(auf dem Foto oben)

Feinschmecker-Tip

Entfernen Sie die Rinde des Brotes. Das Ganze kann dann, zusammengerollt und in Frischhaltefolie gepackt, gut mit ins Büro genommen werden.
Legt man die verpackten Rollen für ¾–1 Stunde ins Gefrierfach, kann man anschließend Scheiben von ½ Zentimeter Dicke abschneiden und sie dekorativ mit Kräuterzweigen auf Tellern anrichten.

Paprika mit pikanter Füllung

Für 1 Portion
Zubereitungszeit: ca. 10 Min.
ca. 185 kcal/775 kJ

1 rote Paprikaschote
1 Apfel
etwas Zitronensaft
2 EL Nußmus
1–2 EL Birnen- oder Dattelmus
1 TL Meerrettich, frisch gerieben
1 Prise Meersalz
¼ TL Honig
Ingwerwurzel, frisch gerieben
1 Prise Kardamom oder Zimt

1. Die Paprika unten abschneiden, aushöhlen und längs in acht bis zwölf Streifen schneiden. Sternförmig auf einem Teller oder in einer Schale anordnen.
2. Den Apfel raspeln, mit Zitronensaft beträufeln und mit allen anderen Zutaten vermischen. Diese Mischung in die Mitte der Paprikastreifen geben. Dazu eine Scheibe Weizenvollkorntoast essen. Wer rohen Paprika nicht mag, kann ihn in der Mikrowelle bei 75% Leistung 2 Minuten lang garen oder bei schwacher Hitze für einige Minuten in einer Pfanne vorgaren.
(auf dem Foto unten)

Feinschmecker-Tip

Das Rezept läßt sich vielseitig variieren. So kann man zum Beispiel noch 1 Eßlöffel Frischkäse unterziehen oder das Gemisch mit frischem Orangensaft verfeinern. Auch abgekühlter Naturreis kann unter die Füllung gemischt werden.

Deftiger Salat mit Ei

Für 1 Portion

Zubereitungszeit: ca. 35 Min.
ca. 235 kcal/990 kJ

Menge und Zusammenstellung nach Belieben:
Blumenkohlröschen, Weißkohl, Chinakohl, Wirsing, Rosenkohl, Lauch
1 Ei
1 Tomate
1 Radieschen
einige Blättchen Löwenzahn (falls verfügbar)
frische Kräuter nach Belieben (Petersilie, Schnittlauch, Basilikum, Oregano)
2–3 EL Sonnenblumenöl
Meersalz
weißer Pfeffer, frisch gestoßen

1. Etwa ¾ Liter Wasser zum Kochen bringen. Unterdessen das Gemüse putzen, den Blumenkohl in Röschen zerteilen, den Weißkohl, Chinakohl usw. in Streifen schneiden, den Rosenkohl am Wurzelansatz über Kreuz einschneiden, den Lauch in appetitlich große Ringe schneiden. Alle Gemüse zusammen in kochendem Wasser für 2–3 Minuten blanchieren. Dann mit einer Schöpfkelle herausnehmen und abkühlen lassen.

2. Währenddessen das Ei mittelhart kochen, abschrekken, schälen und längs vierteln. Die Tomate in appetitlich große Stücke teilen. Das Radieschen hobeln oder kleinschneiden.

3. Die Kräuter hacken und mit dem Öl vermischen. Salzen und pfeffern nach Geschmack. Die erkalteten Gemüse in einer Schale anrichten, mit dem Radieschen, den Tomaten- und den Eistücken garnieren und das Kräuteröl darübergießen. Zusammen mit einer Scheibe Vollkornbrot verzehren.

Avocado im Schnee

Für 1 Portion
Zubereitungszeit: ca. 15 Min.
ca. 925 kcal/3875 kJ

⅛ l Wasser
Saft einer Zitrone
1 reife Avocado
⅛ l süße Sahne
Meersalz
1 Msp. Cayennepfeffer

1. Für diese eigenwillige Komposition zunächst das Wasser und den Zitronensaft miteinander mischen. Danach die Avocado schälen, halbieren, entkernen und vorsichtig im Wasser-Zitronen-Bad wenden.
2. Die Sahne schlagen und mit Salz und Cayennepfeffer würzen. Anschließend diese scharfe Sahne in einen Spritzbeutel füllen.
3. Die Avocadohälften auf einem Teller anrichten und mit der Sahne beliebig dekorieren. Dazu eine Scheibe Roggenvollkornbrot essen, die mit Kräuterbutter (Rezept S. 32) bestrichen wird.
(auf dem Foto rechts: unten)

Feinschmecker-Tip

Man kann die Sahne zusätzlich noch mit feingemahlenem weißem Pfeffer oder einer Mischung aus Salz und Knoblauch, Rosmarin, Salbei und Ingwer würzen.

Gefüllte Selleriestangen

Für 1 Portion
Zubereitungszeit: ca. 10 Min.
ca. 705 kcal/2955 kJ

2–3 Selleriestauden
100–150 g Roquefort
2 EL zimmerwarme Butter oder Pflanzenfett
2 Frühlingszwiebeln

1. Die Selleriestauden waschen, in etwa 10 Zentimeter lange Stücke schneiden und zerlegen. Dadurch höhlen sich die Selleriestangen aus.
2. Den Roquefort mit einer Gabel zerdrücken und mit der zimmerwarmen (weichen) Butter (dem Pflanzenfett) vermischen. Diese Mischung in die ausgehöhlten Selleriestauden füllen und auf einem Teller oder einer Platte anrichten.
3. Die Frühlingszwiebeln in Ringe schneiden und über die Selleriestangen streuen. Dazu Vollkornbrot essen.
(auf dem Foto rechts: oben)

Feinschmecker-Tip

Wem diese Mischung zu deftig ist, kann statt dessen eine Füllung aus Frischkäse mit frisch gehackten Kräutern zubereiten.

Tomaten-Käse-Salat

Für 1 Portion
Zubereitungszeit: ca. 10 Min.
ca. 295 kcal/1240 kJ

2–3 EL Käsewürfel (Gouda, Edamer, Schweizer)
1–2 Tomaten
2 EL Haselnüsse
frische Kräuter nach Belieben (Majoran, Oregano, Thymian, Basilikum usw.)
2 TL Weißweinessig
Meersalz
1 EL Distelöl
schwarzer Pfeffer, frisch gemahlen
1 kleine Zwiebel

1. Die Käsewürfel mit den in Würfel geschnittenen Tomaten und den grob zerkleinerten Nüssen mischen. Die gehackten Kräuter (der Salat schmeckt nur mit frischen Kräutern wirklich gut) unterheben.
2. Den Essig mit dem Salz so lange rühren, bis sich das Salz aufgelöst hat. Das Öl tropfenweise dazugeben und alles kräftig schlagen, damit die Sauce cremig wird. Mit Pfeffer würzen und über den Salat geben. Mit der in Ringe geschnittenen Zwiebel garnieren.
(auf dem Foto rechts: Mitte)

Schweizer Müsli

Für 1 Portion
Zubereitungszeit: ca. 15 Min.
(ohne Einweichzeit)
ca. 325 kcal/1355 kJ

- *2–3 EL kernige Haferflocken*
- *2–3 EL süße Sahne*
- *Saft einer halben Zitrone*
- *1 Apfel*
- *2 EL geriebene Walnüsse, Haselnüsse oder Mandeln*

1. Die Haferflocken über Nacht in 4–6 Eßlöffeln kaltem Wasser einweichen. Die Sahne und den Zitronensaft bereits dazugeben.
2. Den Apfel waschen und direkt in das Müsli hineinraspeln. Dabei ein- oder zweimal umrühren. (Es gibt für dieses Müsli eine spezielle Bircherraffel.) Zum Schluß die geriebenen Nüsse darüberstreuen oder unterrühren. Sofort verzehren.
(auf dem Foto: links)

Feinschmecker-Tip

Für dieses Schweizer Müsli gibt es verschiedene Varianten. Einige Hotelküchen verwenden anstelle von Sahne Milch, andere fügen noch weitere Früchte dazu.
Experimentieren Sie ruhig, und schaffen Sie sich ein eigenes „Schweizer Müsli".

Hirsemüsli

Für 1 Portion
Zubereitungszeit: ca. 10 Min.
ca. 335 kcal/1405 kJ

1–3 EL Haselnüsse oder Walnüsse
2 EL Hirseflocken
2 EL Weizenkeime
150–200 g zimmerwarmer Joghurt
1 Apfel
1 TL Honig oder Sanddornsaft
wahlweise Soja- oder andere Sprossen

1. Die Haselnüsse raspeln oder grob hacken und zusammen mit den Hirseflokken und den Weizenkeimen in den Joghurt einrühren.
2. Dann den Apfel hineinraspeln und mit Honig oder Sanddornsaft süßen. Wahlweise Sprossen dazugeben. *(auf dem Foto: rechts)*

Feinschmecker-Tip

Dieses Müsli schmeckt noch besser, wenn man ein paar Rosinen über Nacht in wenig Wasser einweicht (zum Beispiel in einem Eierbecher) und morgens mit hineinrührt.

EXQUISIT UND DELIKAT — WARME KÜCHE

Verwöhnen Sie sich selbst mit vollwertigen, schmackhaften Speisen. Die Rezepte sind einfach zuzubereiten und haben dennoch Finesse. Ohne Schwierigkeiten können Sie die vorgeschlagenen Gerichte vielfältig variieren und so Ihren persönlichen Kochstil entwickeln.

(Gefüllte Aubergine, Rezept S. 42)

Gefüllte Aubergine

Für 1 Portion
Zubereitungszeit: ca. 1 Std. (herkömmliche Garmethoden); ca. ½ Std. (Mikrowelle)
ca. 325 kcal/1360 kJ

- *1 Aubergine*
- *1 EL Butter oder Pflanzenfett*
- *1 kleine Zwiebel, feingehackt*
- *1 TL Pinienkerne, gemahlen*
- *1 Tomate, gewürfelt*
- *Curry*
- *Salz*
- *ein wenig Honig*
- *wahlweise Pfeffer*

1. Die Aubergine längs halbieren. Mit einem Messer am Rand entlangschneiden, das Innere herauslösen und kleinhacken.

2. In einem Topf die Butter (das Pflanzenfett) bei mittlerer Hitze schmelzen und die Zwiebelwürfel mit den Pinienkernen dünsten. Dann die Tomatenstücke und das Aubergineninnere dazurühren und nach Geschmack würzen. Bei der Zubereitung in der Mikrowelle genügt es, die gedünsteten Zwiebelstücke und Pinienkerne mit den rohen Tomatenstücken und dem Aubergineninneren zu mischen.

3. Die Masse in die ausgehöhlten Auberginenhälften füllen und im Backofen bei 200° C etwa 40–50 Minuten, im Mikrowellengerät bei 75 bis 100% Leistung etwa 3–5 Minuten backen.

(auf dem Foto S. 40/41)

Deftige Linsenpfanne

Für 1 Portion
Zubereitungszeit: ca. 50 Min. (ohne Einweichzeit)
ca. 520 kcal/2165 kJ

- *50 g Linsen*
- *1 EL Weizen- oder Gerstenkörner*
- *¼–½ l Gemüsebrühe*
- *1 kleine Möhre, in Scheiben oder Würfel geschnitten*
- *1 Stange Bleichsellerie, in Stücke geschnitten*
- *1 EL Butter oder Pflanzenfett*
- *1 kleine Zwiebel, grobgehackt*
- *50 g frische Champignons, ganz oder halbiert*
- *Meersalz*
- *schwarzer Pfeffer, frisch gestoßen*
- *1 EL frische Petersilie, feingehackt*
- *1 EL frischer Schnittlauch, feingehackt*

1. Die Linsen zusammen mit den Weizenkörnern (den Gerstenkörnern) über Nacht in Wasser einweichen. Das Einweichwasser nicht zum Kochen verwenden, sondern ¼–½ Liter Gemüsebrühe nehmen und die Linsen mit dem Getreide etwa 30 Minuten lang bei schwacher bis mittlerer Hitze im geschlossenen Topf garen. (Während der ersten 5 Minuten den Deckel nicht schließen!) Nach etwa 15 Minuten die Möhren und den Bleichsellerie dazutun.

2. Während die Linsen kochen, in einer Pfanne die Butter (das Pflanzenfett) schmelzen und die Zwiebelstücke andünsten. Dann die Champignons dazugeben und einige Minuten lang braten. Gelegentlich umrühren.

3. Die Linsen sowie die Möhren- und Selleriestücke aus dem Topf heben und in die Pfanne einrühren. Zum Schluß mit Meersalz und Pfeffer abschmecken und die frischen Kräuter darüberstreuen.

(auf dem Foto rechts)

Blumenkohl-Kasserolle

Für 1 Portion
Zubereitungszeit: ca. 1 Std. (herkömmliche Garmethoden); ca. ½ Std. (Mikrowelle)
ca. 340 kcal/1430 kJ

150 g Blumenkohl (½ mittlerer Kopf)
2 EL Mandeln
1–1½ EL Butter oder Pflanzenfett
2 EL Sonnenblumenkerne
wahlweise 1–2 EL Rosinen
Meersalz
etwas Honig

1. Den Blumenkohl waschen und in kleine Röschen teilen. Unterdessen ¾–1 Liter Wasser zum Kochen bringen und die Blumenkohlröschen 3–4 Minuten blanchieren.
2. Die Mandeln hacken, in einer kleinen Kasserolle oder einem Servierpfännchen die Butter (Pflanzenfett) schmelzen und die Mandeln, die Sonnenblumenkerne und wahlweise die Rosinen 1–2 Minuten dünsten.
3. Dann die Blumenkohlröschen dazugeben, würzen und alles vermischen. Ein paar Butterflöckchen daraufgeben und im Backofen bei etwa 225° C etwa 15–20 Minuten weitergaren; bei der Mikrowelle mit 75–100% Leistung etwa 4–5 Minuten. Dazu paßt Naturreis, der nach Belieben mit gehackten Kräutern gemischt wird (siehe auch Rezept S. 54).
(auf dem Foto: unten)

BLUMENKOHL-PÜREE

Für 1 Portion

Zubereitungszeit: ca. 35 Min.
ca. 220 kcal/925 kJ

½–¾ l Gemüsebrühe
150 g Blumenkohl
(½ mittlerer Kopf)
2 EL Milch
¼ TL Meersalz
1 kleine Zwiebel, feingehackt
1 EL Butter
1 Msp. Muskatblüte, gemahlen
frische Kräuter nach Geschmack, feingehackt

1. Die Gemüsebrühe zum Kochen bringen. Unterdessen den Blumenkohl in Röschen teilen und in den Topf geben. Ebenso die Milch und das Salz dazutun. Im offenen Topf bei mäßiger Hitze 10–15 Minuten lang kochen.

2. Den Topf vom Herd nehmen. Falls relativ viel Brühe genommen wurde, etwas abgießen (oder für eine andere Zubereitung aufheben), den Blumenkohl mit einem Stampfer zu Püree zerdrükken. Falls das Püree zu trokken gerät, noch etwas Milch dazutun. Die gehackte Zwiebel, die Butter sowie die Muskatblüte einrühren und die frischen Kräuter untermischen oder darüberstreuen. Das Püree kann als Beilage – anstelle von Kartoffelpüree – oder als Gemüse verwendet werden.

(auf dem Foto: oben)

Gemüsebrühe mit Brotklösschen

Für 1 Portion
Zubereitungszeit: ca. 40 Min.
ca. 250 kcal/1055 kJ

1 Scheibe Vollkornbrot
1 kleine Zwiebel, feingehackt
1 Knoblauchzehe, gepreßt
Butter oder Pflanzenfett
Meersalz
Pfeffer, frisch gemahlen
1 Ei
Weizenschrot, Grahammehl
oder Vollkornbrösel
¼–½ l Gemüsebrühe

1. Das Vollkornbrot einige Minuten in etwas Wasser einweichen. Unterdessen in einer Pfanne bei mittlerer Hitze die Zwiebelstücke und die Knoblauchzehe in Butter (Pflanzenfett) anrösten.
2. Die Brotscheibe in einem Sieb etwas trockendrücken, dann in einer Schale mit einer Gabel zerkleinern. Die gerösteten Zwiebeln mit dem Knoblauch, dem Salz und dem Pfeffer dazutun und gut vermischen. Das Ei aufschlagen und ebenfalls unter die Masse mischen. Danach soviel Schrot (Mehl, Brösel) dazugeben, daß ein fester Teig entsteht.
3. In einem Topf die Gemüsebrühe erhitzen, aus dem Teig appetitlich große Klöße formen und in der Brühe gut 15 Minuten lang gar ziehen lassen.
(auf dem Foto oben)

Chinakohl-Gratin

Für 1 Portion
Zubereitungszeit: ca. 50 Min. (herkömmliche Garmethoden); ca. 35 Min. (Mikrowelle)
ca. 410 kcal/1710 kJ

100–150 g Chinakohl
(½ mittlerer Kopf)
1 EL Butter oder Pflanzenfett
1 EL Weizenvollkornmehl
⅛–¼ l Milch
Meersalz
weißer Pfeffer, frisch gemahlen
Safran
1 Prise Muskatblüte, gemahlen
1 Knoblauchzehe
Sonnenblumenöl
1–2 EL Parmesankäse
1–2 EL Weizenschrot oder
Grahammehl

1. Den Chinakohl am Wurzelende 2–3 Zentimeter abschneiden. Die äußeren Blätter entfernen, aus dem Rest 2 Zentimeter breite Streifen schneiden. Im sprudelnd kochenden Wasser 3 Minuten lang blanchieren, dann abgießen.
2. Während der Kohl abkühlt, in einem kleinen Topf die Butter (das Pflanzenfett) schmelzen, das Mehl dazugeben und unter ständigem Rühren die Milch dazugeben. Bei schwacher Hitze einige Minuten lang simmern lassen. Gelegentlich umrühren und die Gewürze hinzufügen.
3. Nebenbei eine feuerfeste Auflaufform mit der Knoblauchzehe ausreiben, etwas trocknen lassen und mit Öl einpinseln. Dann den gut abgetropften Kohl in die feuerfeste Form geben. Das Ganze mit der Sauce übergießen, Parmesankäse sowie Weizenschrot (Grahammehl) darüberstreuen und bei 225° C etwa 20–30 Minuten im Backofen überbakken; bei der Mikrowelle mit 75–100% Leistung etwa 6–8 Minuten. Dazu passen Tomatensalat und Naturreis.
(auf dem Foto unten)

Haferbratlinge

Für 1 Portion
Zubereitungszeit: ca. 30 Min.
ca. 490 kcal/2050 kJ

50 g kernige Haferflocken
2–3 EL Weizenvollkornmehl
2–3 EL Milch oder Gemüsebrühe
1 kleine Zwiebel, feingehackt
frische Kräuter nach Belieben, feingehackt
1 Ei
Meersalz
Butter oder Pflanzenfett

1. Die Haferflocken mit dem Mehl und der Milch (der Gemüsebrühe) vermischen und 10 Minuten quellen lassen. In der Zwischenzeit können die Zwiebel und die Kräuter gehackt werden.
2. Das Ei aufschlagen und mit der Haferflockenmasse vermischen. Ebenso die gehackte Zwiebel und die Kräuter dazumischen. Mit Meersalz würzen. In einer Pfanne bei mittlerer Hitze Butter (Pflanzenfett) schmelzen, aus der Masse Bratlinge formen und von beiden Seiten einige Minuten lang braten. Dazu schmeckt frischer grüner Salat, Reis oder Kartoffeln.
(auf dem Foto rechts: Mitte)

Maisbeilage

Für 1 Portion
Zubereitungszeit: ca. 25 Min.
ca. 350 kcal/1460 kJ

ca. ¼ l Gemüsebrühe
50 g Maisgrieß
½ Knoblauchzehe, gepreßt
Meersalz
1 Msp. Muskatblüte, gemahlen
1–2 EL Butter oder Pflanzenfett

1. In einem Topf die Gemüsebrühe aufkochen, den Maisgrieß hineinstreuen und gut umrühren. Den Knoblauch mit dem Salz verrühren und mit der Muskatblüte unter den Grieß rühren.
2. Bei schwacher Hitze mit geschlossenem Deckel etwa 10 Minuten lang kochen. Zwischendurch immer wieder umrühren. Danach den Topf vom Herd nehmen und den Grieß weitere 10 Minuten stehenlassen. Vor dem Verzehr die Butter (das Pflanzenfett) dazugeben und den Grieß mit einer Gabel sorgfältig auflockern.
(auf dem Foto rechts: unten)

Variation
Diese Beilage dient anstelle von Kartoffeln, Reis oder Nudeln als Beilage, als Zutat für Füllungen oder als Bestandteil von Bratlingen. Sie läßt sich auch gut mit Ei vermischen, mit Parmesankäse überstreuen und knusprig überbacken.

Vollkorn-nudeln mit Tomatensauce

Für 1 Portion
Zubereitungszeit: ca. ½ Std.
ca. 345 kcal/1440 kJ

50–100 g Vollkornnudeln
Meersalz
3–4 Tomaten
1 EL Sonnenblumenöl
1 kleine Zwiebel, feingehackt
1 Knoblauchzehe, gepreßt
1 EL frischer Thymian, feingehackt
1 EL frischer Oregano, feingehackt
schwarzer Pfeffer, frisch gestoßen
etwas Honig

1. Die Nudeln in reichlich kochendes Wasser geben, umrühren und 10–12 Minuten lang kochen. Gelegentlich rühren. Je nach Geschmack das Wasser ein wenig salzen.
2. Währenddessen die Tomaten kurz in kochendes Wasser geben, bis die Haut platzt. Die Haut abziehen und die Tomaten in Würfel teilen.
3. In einer Saucenpfanne oder in einem kleinen Topf das Öl erhitzen, die Zwiebelstücke und den Knoblauch andünsten und die Tomatenstücke dazugeben. Die Kräuter und die Gewürze untermischen und einige Minuten dünsten. Ab und an rühren.
4. Die Nudeln abgießen, auf einem Teller anrichten und mit der Sauce übergießen.
(auf dem Foto rechts: oben)

Rezeptverzeichnis

Abkürzungen:
EL = Eßlöffel
g = Gramm
l = Liter
ml = Milliliter
Msp. = Messerspitze
TL = Teelöffel

Temperaturstufen: Die Angaben in diesem Buch beziehen sich auf Elektrobacköfen.
Die Angaben zur Zubereitung mit der Mikrowelle beziehen sich auf ein 600-Watt-Gerät.

Elektrobackofen	Gasherd
150°C/160°C	Stufe 1
175°C/180°C	Stufe 2
200°C	Stufe 3
220°C/225°C	Stufe 4
240°C	Stufe 5
250°C	Stufe 6

Bei einem Heißluftherd sind niedrigere Wärmegrade als beim Elektrobackofen ausreichend; es sei dazu auf die Bedienungsanleitung des Gerätes verwiesen.

„Falken-Feinschmecker" ist eine exquisite Kochbuchreihe, deren Bände immer einem besonderen Thema gewidmet sind. So kommt jeder Genießer auf seine Kosten. Fragen Sie Ihren Buchhändler.

CIP-Titelaufnahme der Deutschen Bibliothek

Görgens, Alfred:
Vollwertküche für Singles: die gesunde Art, sich zu verwöhnen / Alfred Görgens. [Fotos: Michael Wissing]. – Niedernhausen/Ts.: Falken-Verl., 1988
(Falken-Bücherei) (Falken-Feinschmecker)
ISBN 3-8068-0937-2

ISBN 3 8068 0937 2

Titelbild und Fotos: Michael Wissing, BFF, Elzach

Gesamtproduktion: Falken-Verlag GmbH, D-6272 Niedernhausen/Ts.

817 2635 4453 6271